Mi método de lectura práctico

Un comienzo divertido a la lectura inicial

Aprendiendo a leer para niños +4 (Vol. II)

Rosi & Coni — blue cherries

Disfruta de nuestros otros ejemplares

Matemática

Trazos

Lectura Inicial Vol.1

Recorte

Para más detalles

Síguenos en **TikTok**

 Escanea el código o búscanos como

Visita nuestro **sitio web**

 Escanea el código o ingresa por el enlace

https://librosdeactividadesinfantiles.com/

Rosi & Coni Brillante. © Copyright 2021 - Todos los derechos reservados.

Editorial @bluecherriesplublishers / bluecherriespublishers@gmail.com

Colaboración en la estrategia del método de lectura @tepukids

Colaboración en diseño de portada @cartooons8

Primera edición: Octubre 2021 (Edición en español).

Esta publicación no se puede vender, reproducir o transmitir, bien sea de forma total o parcial, en ningún formato, sin previo consentimiento escrito por parte de sus autores. La única excepción es el uso legítimo de la obra, generalmente la correcta citación de un pequeño fragmento del libro con el objetivo de hacer una reseña o crítica sobre este.

Las autoras no asumen responsabilidad alguna por el uso que haga del contenido de este libro, el lector es responsable único de sus actos.

Índice

Nuestro libro *Mi método de lectura práctico* está compuesto por 15 partes para que el niño comience una relación sana y amigable con la escritura y la lectura.

Introducción	7
Conocemos e identificamos la vocal A a	11
Descubriendo la vocal E e	21
Conociendo la vocal I i	31
Identificando la vocal O o	41
Presentación de la vocal U u	51
Ahora te invitamos a jugar con todas las vocales que conociste	61
Juega mientras conoces la letra M m	85
Descubriendo la letra S s	95
Diviértete conociendo la letra P p	105
Identificando la letra L l	115
Ejercicios generales con todas las letras	125
Presentando el modo silábico "ma - me - mi - mo - mu"	135
Identificando el modo silábico "sa - se - si - so - su"	147
Descubriendo el modo silábico "pa - pe - pi - po - pu"	159
Reconociendo el modo silábico "la - le - li - lo - lu"	171
Ejercicios generales de los modos silábicos	183
Conclusión	193

*Envíanos un correo a **info@librosdeactividadesinfantiles.com** para dudas o comentarios*

Introducción

Mi método de lectura práctico es un libro pensado para ti. Juntos iniciaremos una aventura divertida por el maravilloso mundo del aprendizaje de la lectoescritura. Saber leer te abre las puertas a infinitas experiencias en tu vida. Pero no solo es maravilloso aprender a leer, la lectura siempre está con uno de sus mejores amigos: la escritura, ambos van de la mano y te acompañarán a lo largo de tu vida académica y cotidiana.

Es por esta razón, que el objetivo principal de nuestro libro es iniciarte en este fantástico viaje y presentarte las primeras letras que conocerás, para que progresivamente vayas comprendiendo como forman palabras que le dan un nombre a todos los objetos que nos rodean. Además, te enseñaremos que cada letra tiene un sonido propio, que la hace más fácil de reconocer.

Así pues, comenzaremos introduciéndote en el maravilloso mundo de las vocales: a, e, i, o, u y de las consonantes: m, s, p y l. Te plantearemos ejercicios didácticos, diferentes y divertidos. Nos basaremos en la importancia que tienen las dimensiones espaciales en la manera en como percibirás el aprendizaje, es decir, empezamos trabajando con letras escritas en grande hasta llegar progresivamente a un tamaño más pequeño. El objetivo de este método es **ayudarte a fijar más rápidamente cada vocal y cada consonante** en tu memoria. Además, al presentarte las letras en un tamaño grande te permitirá **trazarlas con comodidad, aprender a dominar la fuerza de tus movimientos y relacionarte con las dimensiones**, para que al trabajarlas en un tamaño más pequeño puedas tener un mejor desempeño de la lectura y trazado.

Una vez identifiques las **vocales**, las **consonantes** y las asocies fácilmente con distintas imágenes, pasaremos a enseñarte el modo silábico de las consonantes **m, s, p** y **l**. Siempre iremos avanzando en el proceso de aprendizaje de forma progresiva, formulando ejercicios que van desde lo más simple hasta lo más complejo. Todo este viaje será muy divertido y cuando te des cuenta ya estarás en la parte final de nuestro libro leyendo palabras y oraciones sencillas que le dan vida a imágenes que entenderás más claramente.

Sabemos que eres capaz, que alcanzarás satisfactoriamente los objetivos de nuestro libro y que la curiosidad por seguir aprendido ya quedará despierta en ti. ¡Disfrutemos juntos de esta aventura!

Envíanos un correo a **info@librosdeactividadesinfantiles.com para dudas o comentarios**

¡Te queremos leer!

La voz de nuestra audiencia es muy importante y determinante para nosotras. Realmente apreciamos conocer tu opinión del libro, nuestro principal objetivo es la satisfacción de nuestros usuarios. Te agradecemos por dejar tu comentario, mejor conocido en la comunidad como: **review**.

¡Al comprar este libro recibirás un obsequio especial!

Escanea nuestro código o ingresa en
https://librosdeactividadesinfantiles.com/res/
Si ya te has subscrito, envíanos un correo a
info@librosdeactividadesinfantiles.com
Para enviarte otro obsequio especial.

Conocemos e identificamos la vocal A a

1. Conoce la vocal mayúscula A, píntala con tus colores favoritos.

| Ana |  |

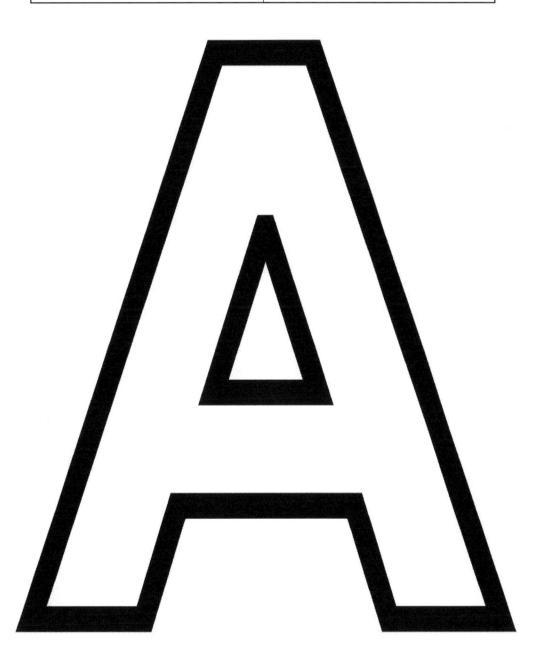

2. Te presentamos la vocal minúscula a. Haz bolitas de papel y decora la vocal a de avión. Las letras minúsculas son más pequeñas que las mayúsculas, ¿observas que la a minúscula es una letra pequeña?

avión

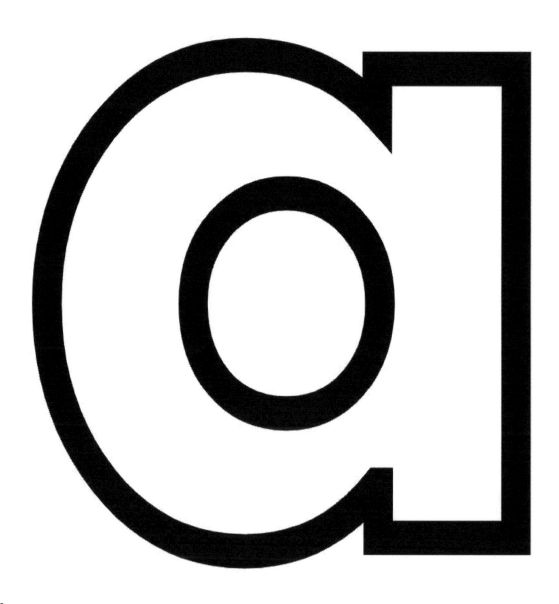

3. La vocal A a se fue a la playa, encierra en un círculo todas las que encuentres.

4. Traza la vocal A escrita en mayúscula, utiliza el color amarillo, cuyo nombre empieza por la A a.

16

5. Delinea la vocal a en minúscula con tu color preferido. Compara la A con la a ¿cuál es la letra más grande?

6. Te mostramos juntas la A mayúscula con la a minúscula. Trázalas y después colorea el árbol, ¡diviértete!

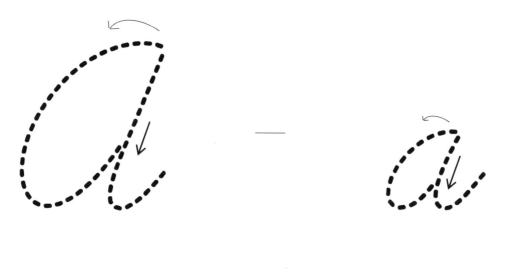

7. Identifica el dibujo y remarca la vocal por la que empieza su nombre. ¿Reconoces que vocal es?

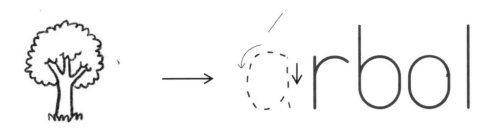

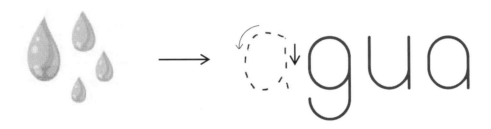

Ahora, identifica el dibujo y haz un círculo en la vocal por la que empieza su nombre. ¿Recuerdas cuál vocal es?

Descubriendo la vocal E e

8. Conoce la vocal mayúscula E, recorta cuadrados de colores, pégalos dentro de la vocal y decórala. *Erick* es un nombre propio que empieza por la E mayúscula que es una letra grande.

Erick

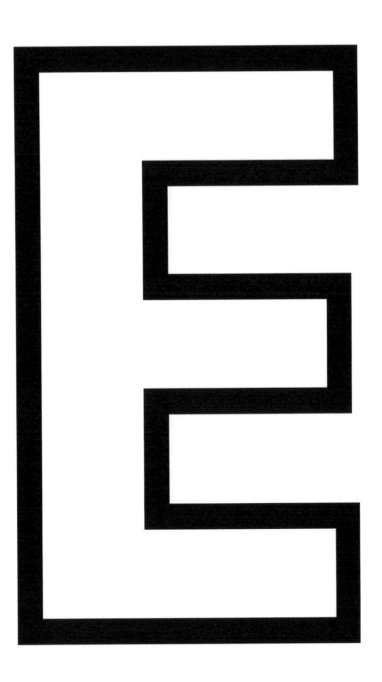

9. Demos la bienvenida a la vocal minúscula e que es una letra más pequeña que la E mayúscula. Coloréala con tus colores favoritos.

| estrella |  |

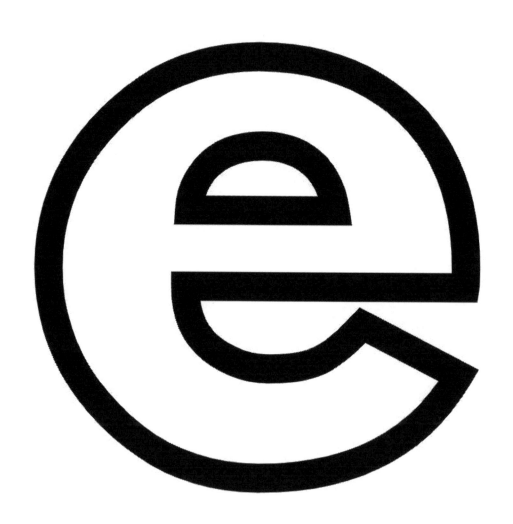

10. Encierra en un círculo la vocal E e. ¡Descúbrelas todas!

11. Delinea con tu color preferido la vocal E escrita en mayúscula.

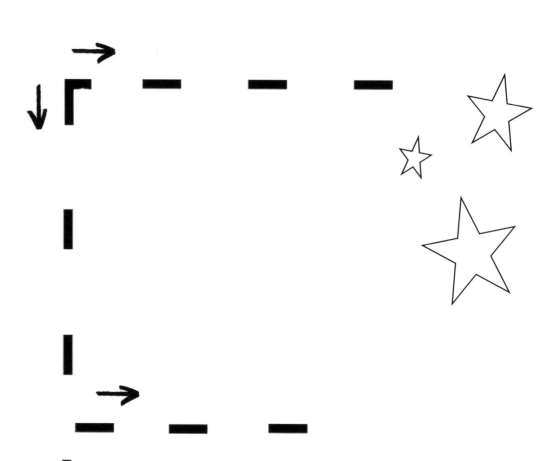

12. Sigue las líneas punteadas y escribe la vocal e en minúscula. *Escorpión* empieza por la vocal e.

13. *Elefante* empieza por la vocal E e, practica y trázalas siguiendo las flechas. Observa ambas letras, ¿notas que la E mayúscula es más grande que la e minúscula? Siempre la mayúscula será una letra más grande.

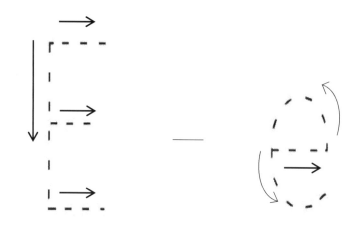

14. Identifica cada figura, pronuncia su nombre en voz alta y traza la vocal e. (Guiar al niño indicándole, por ejemplo, espejo empieza por la vocal e y así con cada objeto).

→ espejo

→ erizo

→ estrella

Conociendo la vocal Ii

15. Es el turno de la vocal mayúscula I, conócela y píntala con los colores del arcoíris. *Irina* es un nombre propio que empieza por la vocal I escrita en mayúscula.

Irina

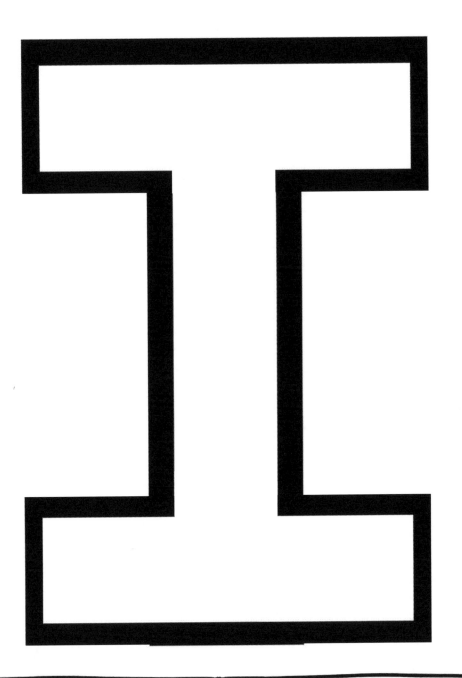

16. Conoce la vocal minúscula i. Recorta círculos de colores y pégalos dentro de la vocal i para decorarla. *isla* empieza por la vocal i.

| isla |  |

17. Colorea los globos que tienen las vocales I i, luego enciérralos en un círculo.

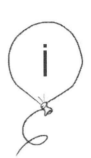

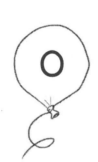

18. Traza con tu color favorito la letra I escrita en grande.

36

19. Remarca las líneas punteadas y escribe la vocal i minúscula. Utiliza el color verde, algunas iguanas son verdes. *Iguana* empieza por la letra pequeña i.

20. Practica y traza la vocal I i. Luego colorea el *iglú* cuyo nombre empieza por la vocal i. Ahora responde: ¿Cuál es la letra grande y cuál es la letra pequeña?, ¿La I mayúscula o la i minúscula? Bien por ti, ¡excelente trabajo!

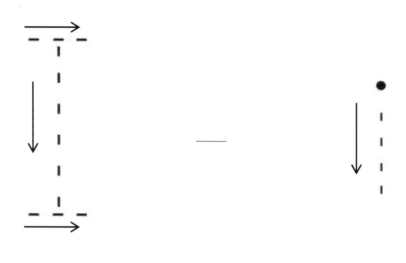

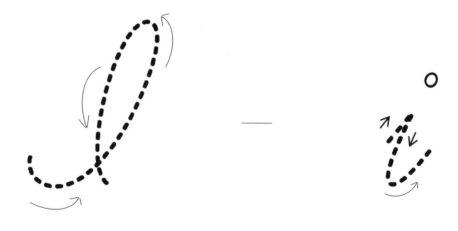

21. Delinea la vocal I i escrita en líneas punteadas. Observa cada imagen y pronuncia en voz alta su nombre, todas empiezan por la I i.

 → iglesia

 → iguana

 → iglú

Identificando la vocal O o

22. Demos la bienvenida a la vocal mayúscula O. Utiliza pega, purpurina (escarcha) y diviértete decorándola. *Omar* es un nombre propio que empieza por la vocal O escrita en mayúscula.

Omar

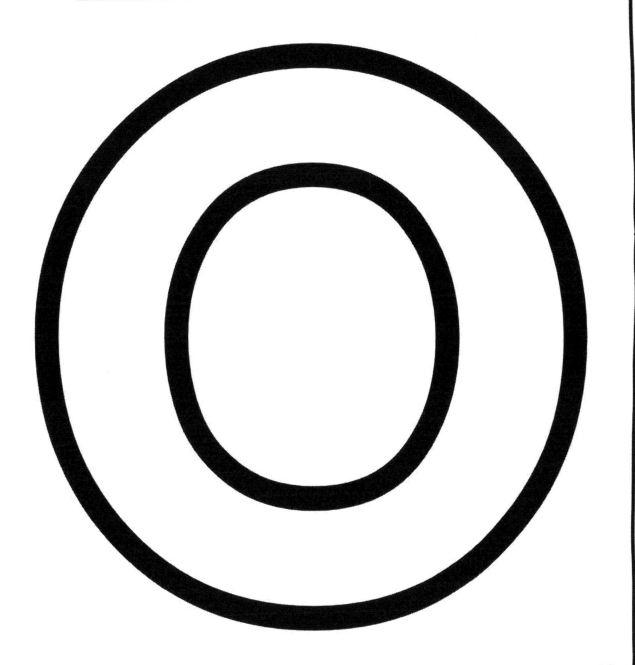

23. Reconoce la vocal minúscula O. Coloréala con tus colores favoritos. *Oso* empieza por la vocal O.

OSO

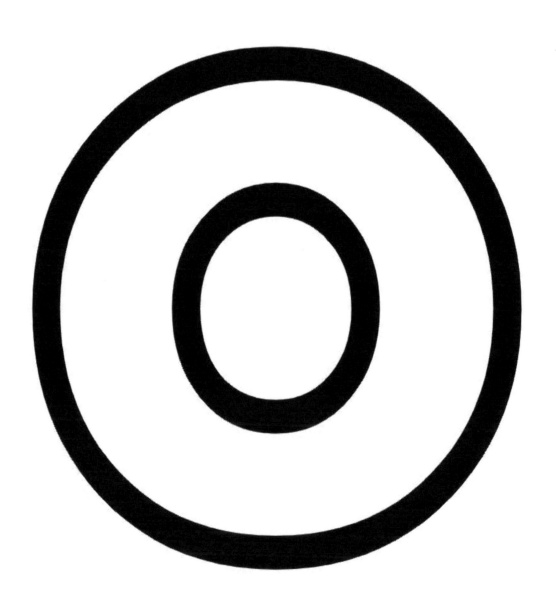

24. Observa y descubre los caminos que llevan a la vocal O o, trázalos y ayuda a los vehículos a llegar hasta la O o. Luego, señala cuál es la O mayúscula y cuál es la O minúscula. Te damos una pista, la O mayúscula siempre es la más grande.

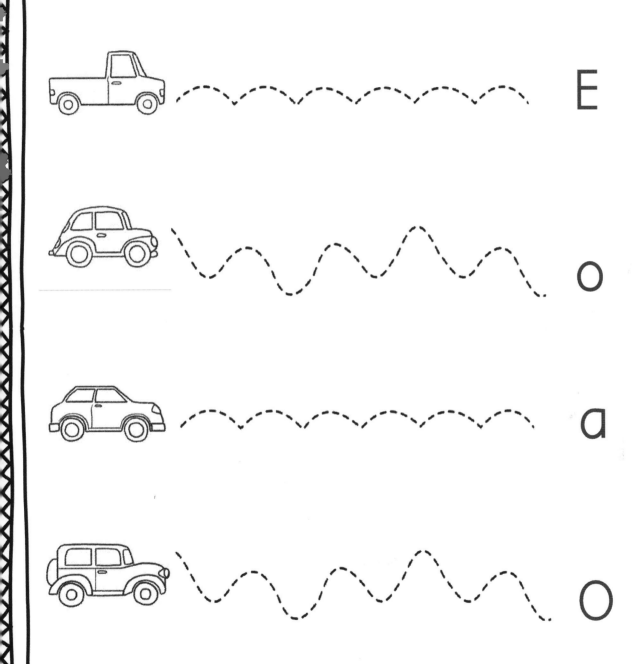

25. Remarca las líneas punteadas y escribe la vocal mayúscula O. ¿Notas que la O mayúscula es una letra grande?

26. Ahora escribe la vocal minúscula O. *Oveja* empieza por la vocal O.

27. Continúa practicando la escritura de la vocal O o, sigue las flechas y remarca cada vocal. *Ojo* empieza por la vocal O. ¿Observas que una O es más grande que la otra? La letra mayúscula siempre es la más grande.

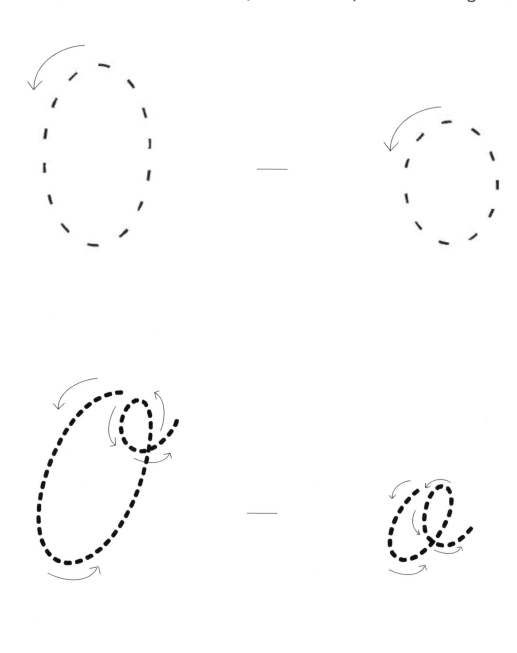

28. Traza la vocal O escrita en minúscula y completa el nombre de cada objeto, todos empiezan por la vocal O o.

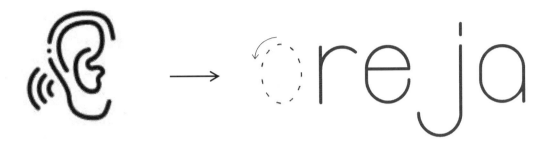

oreja

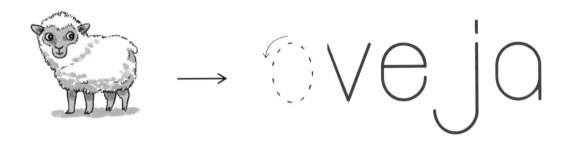

oveja

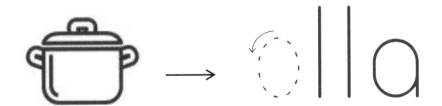

olla

49

Presentación de la vocal U u

29. Observa atentamente y reconoce la vocal U en mayúscula. Decórala rellenándola con puntos de distintos colores. *Úrsula* es un nombre propio que empieza por la U mayúscula.

Úrsula

30. Te presentamos la vocal minúscula U. Píntala con acuarela y diviértete haciendo un hermoso trabajo.

| uva |  |

31. Encuentra y encierra en un círculo la vocal U u que está viajando por el Universo. No dejes que se te escape ninguna. Luego, colorea el Universo.

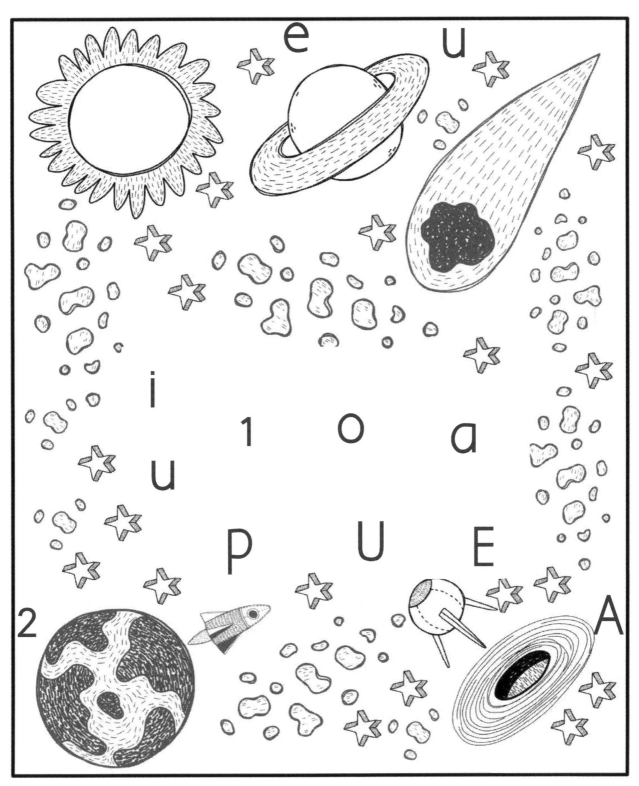

32. Traza las líneas punteadas y escribe la letra en grande U. Utiliza el color morado de las uvas. *Uvas* empieza por la U.

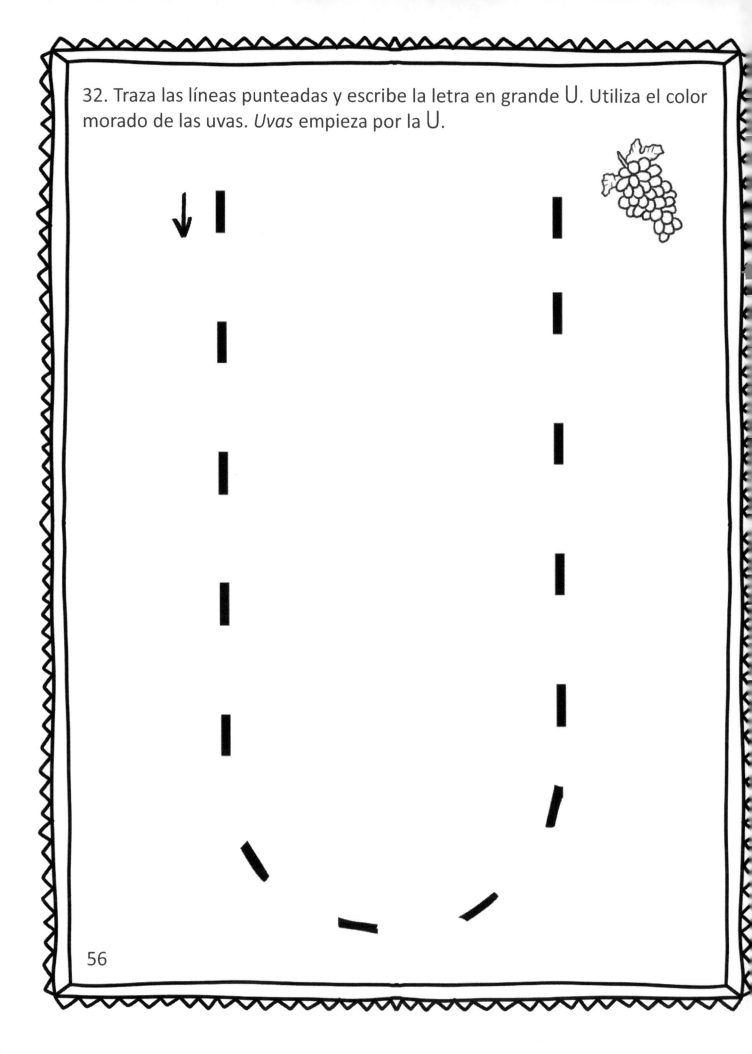

33. Es momento de escribir la U minúscula. Remarca las líneas punteadas y complétala. *Unicornio* empieza por la letra U.

34. Sigamos escribiendo la vocal U u. Traza las líneas y disfruta de ver cuánto has aprendido hasta ahora. ¡Felicidades!

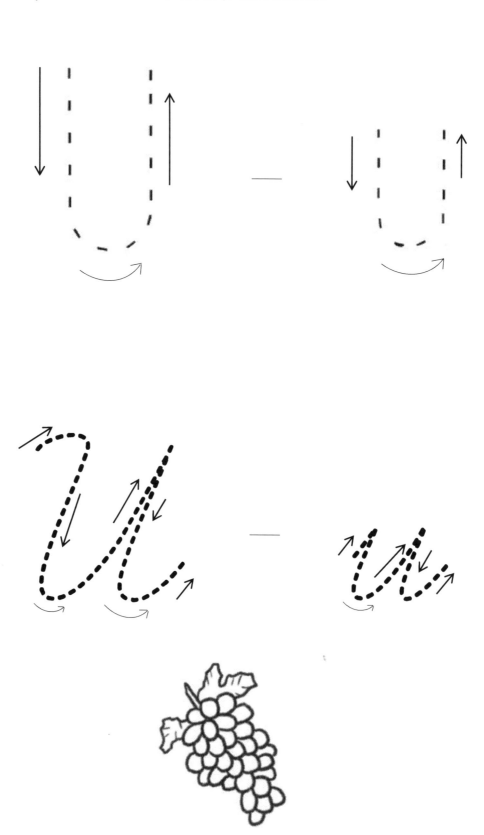

35. Practica y traza la vocal U. Identifica cada dibujo y pronuncia su nombre en voz alta. (Guiar al niño preguntándole, por ejemplo, "¿qué figura es esta?" El niño responde "uno", indicarle *uno* empieza por la vocal U u y así sucesivamente).

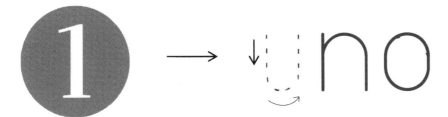

🖐 → ůña

Ahora te invitamos a jugar con todas las vocales que conociste

36. Reconoce cada figura, nómbrala en voz alta y remarca la vocal por la que empieza su nombre.

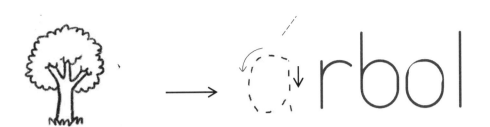
→ árbol

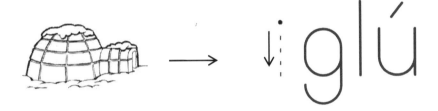
→ estrella

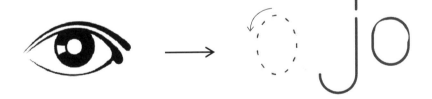
→ iglú

→ ojo

→ universo

37. Identifica el dibujo y delinea las vocales mayúsculas y minúsculas que están a su derecha. Cada vocal es la inicial de su nombre.

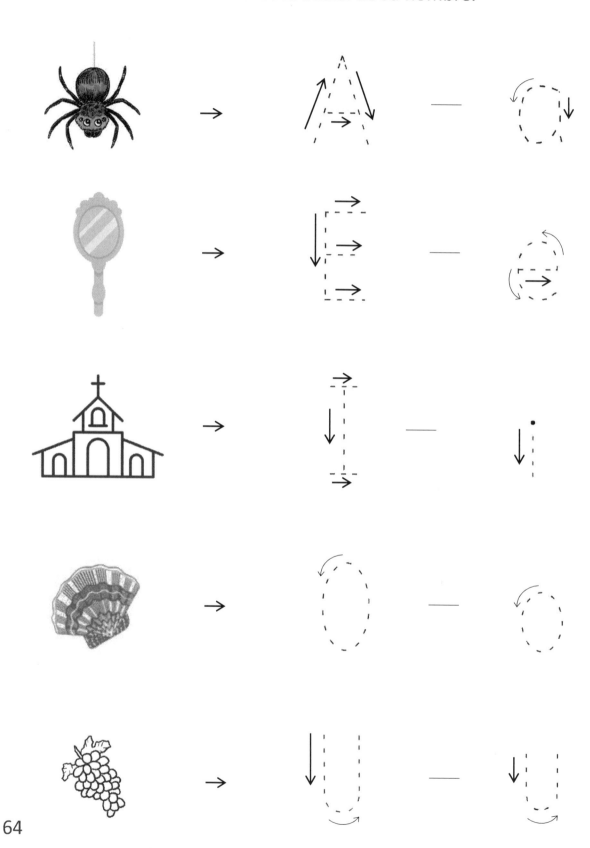

38. Observa cada imagen, identifícala y escribe la vocal por la que empieza su nombre. Luego, encierra en un círculo las vocales que reconozcas en cada palabra. Utiliza los siguientes colores para marcar cada vocal:

a - amarillo, e - rojo, i - verde, o - azul, u - morado.

(Por ejemplo, la palabra "agua" deberá tener tres círculos: dos amarillos porque tiene 2 vocales "a" y uno morado porque tiene una vocal "u").

39. Reconoce la imagen y escribe la vocal inicial de su nombre. ¡Puedes hacerlo!

__lmohada

__scalera

__ndia

__reja

__no

40. Juguemos con las vocales. Recorta las vocales, dobla los cuadrados e introdúcelos en un saco, agítalo. Luego toma uno, identifica la vocal y pégala en el lugar que corresponde de acuerdo a la letra inicial del nombre de cada figura. ¡Diviértete!

→ ☐ rbol

→ ☐ lefante

→ ☐ glesia

→ ☐ so

→ ☐ va

✂ ─ ─ ─ ─ ─ ─ ─ ─ ─ ─ ─ ─ ─ ─ ─ ─

| a | e | i | o | u |

41. Une con una línea cada figura con la vocal inicial de su nombre. (Por ejemplo, se le pregunta al niño: "¿Qué dibujo ves?", el niño contesta "abeja", entonces se le guía diciendo: "¿Abeja empieza por la vocal...?" después que el niño responda, se le explica que debe unir el dibujo de la abeja con la vocal correcta del inicio de su nombre).

 • •abeja

 • •erizo

 • •iguana

 • •oso

 • •unicornio

42. Remarca la vocal y completa el nombre de cada imagen. Luego repite en voz alta las vocales que escribiste.

43. Observa con atención cada imagen y únela con la vocal inicial de su nombre. Luego remarca y lee las vocales que están escritas en líneas punteadas.

44. Idéntica el objeto que está en el centro de cada cuadrado y responde las siguientes preguntas: ¿Qué figura ves?, ¿por cuál vocal comienza su nombre? Después colorea en cada caso la vocal correcta.

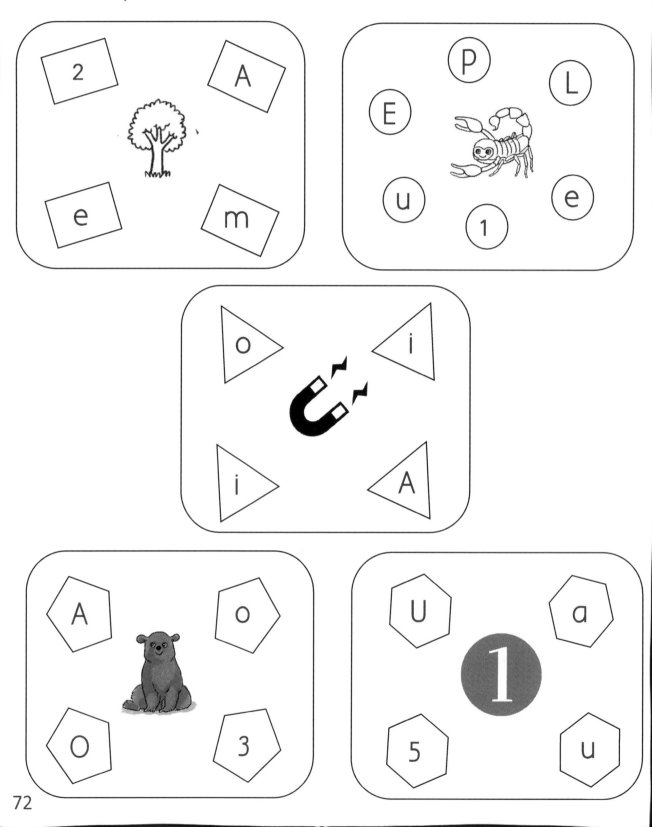

45. Escribe las vocales. Diviértete identificando cada imagen y escribiendo la vocal asociada a su nombre.

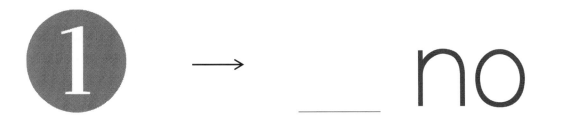
___ no

___ rizo

___ rbol

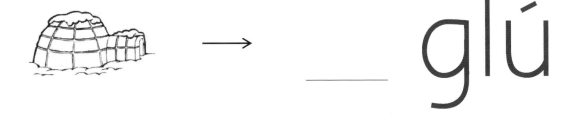
___ glú

___ cho

46. ¿Qué objeto ves?, ¿por cuál vocal empieza su nombre? ahora selecciona el camino que te lleve a la vocal correcta. Te concentraste y lo has conseguido. Imagino lo satisfecho que debes sentirte.

e u

o a

u i

o a

a i u

47. Recorta cada objeto e introdúcelo en un saco. Agítalo, toma uno, reconócelo y pégalo en la vocal que corresponde a la letra inicial de su nombre.

| o | i | e |

| u | a |

✂ ---

75

48. Reconoce las vocales mayúsculas y diviértete coloreándolas, ¡que no se te escape ninguna!

Colorea la letra A

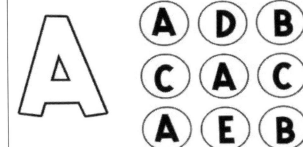

Colorea la letra E

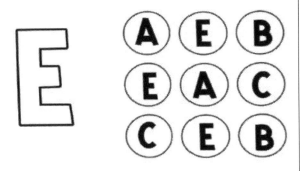

Colorea la letra I

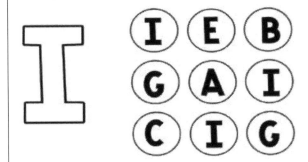

Colorea la letra O

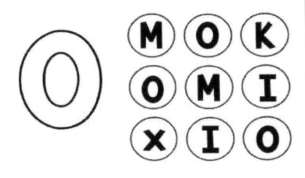

Colorea la letra U

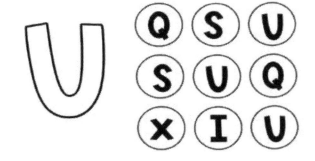

49. Acompaña a las mariquitas a pasear con las vocales. Remarca cada vocal y colorea.

Aa Ee Ii Oo Uu — *Aa Ee Ii Oo Uu*

50. Traza las vocales y únelas con el animal correcto.

51. Colorea el dibujo siguiendo los colores que indique cada vocal.

Aa Ee Ii Oo Uu

a	verde
e	marrón
i	azul
o	rojo
u	negro

52. Recuerda cuales son las vocales y pronúncialas en voz alta. ¡Fabuloso! Ahora escribe las vocales que faltan dentro cada helado. Colorea.

53. Observa atentamente cada animal, responde ¿por cuál vocal empieza su nombre? Ahora, encierra en un círculo la vocal inicial y todas las vocales iguales que se repitan en su nombre.

Sentimos la energía que estás poniendo de tu parte para aprender, ya conoces las vocales, ¡bien por ti!, eres inteligente y capaz. ¡Felicidades! Sigamos divirtiéndonos y aprendiendo juntos. Te presentamos el abecedario que contiene todas las letras. Échale un vistazo, identifica y colorea las letras que ya conoces. ¡Excelente! ¡Continuemos la aventura!

Juega mientras conoces la letra M m

54. La M. Te presentamos la letra M m. Comencemos coloreando la letra M en mayúscula.

| Mariana |  |

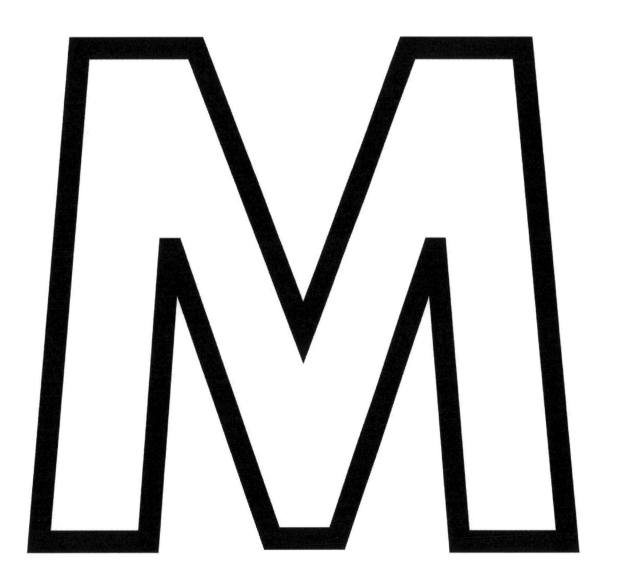

55. Ahora, vamos a darle la bienvenida a la letra m escrita en minúscula. ¿Observas que es más pequeña que la M mayúscula? Diviértete rellenándola con puntitos de colores.

mono

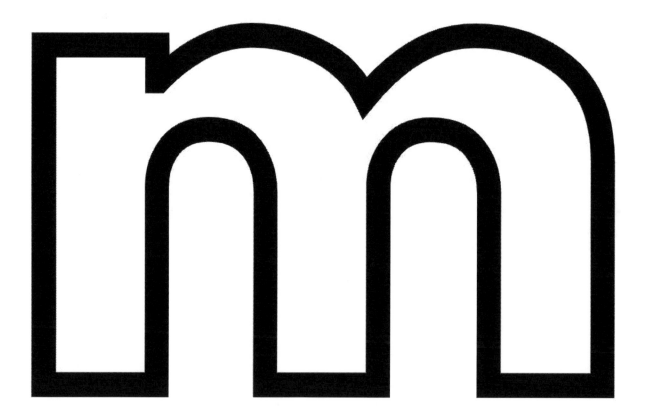

56. Selecciona 3 colores y traza la letra M en mayúscula. *Mariposa* empieza la letra M.

57. Ahora, traza la letra m en minúscula, mano empieza por la letra M.

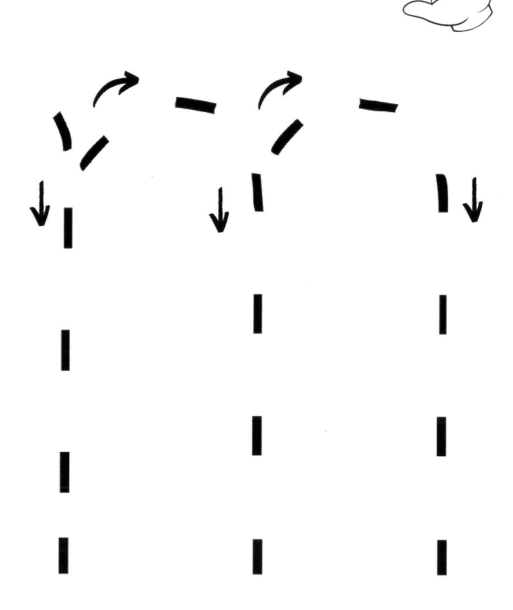

58. Traza la letra M m en mayúscula y minúscula. Sigue las flechas y completa cada letra. Decora la actividad con objetos, animales o frutas que empiecen por la M m.

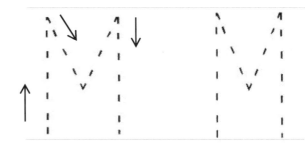

59. Todos los siguientes objetos empiezan por la letra M m. Obsérvalos y en voz alta menciona su nombre, luego circula con tu color favorito la letra M m en el nombre de cada figura.

 → Micrófono

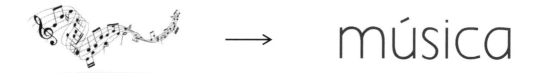 → música

 → Medias

 → manzana

60. Remarca las letras M m con líneas punteadas. Luego, recorta cada cuadrado y pégalo al inicio del nombre de cada figura. Al terminar, pronuncia en voz alta el nombre de cada objeto, por ejemplo, mono: *mono* empieza por la letra m y así sucesivamente con cada imagen.

Descubriendo la letra S s

61. Démosle la bienvenida a la letra S s. Iniciemos nuestra aventura coloreando la letra S en mayúscula.

| Sergio |  |

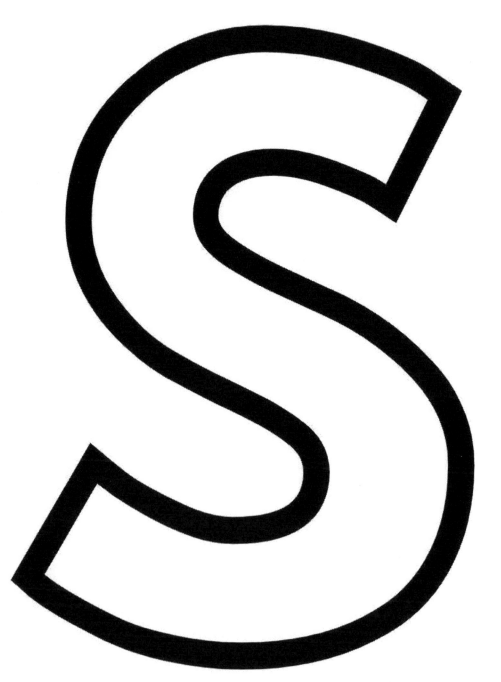

62. Es momento de conocer la letra S escrita en minúscula. Diviértete diseñando una increíble letra S en minúscula. Recorta cuadritos de colores y pégalos dentro de la nueva letra.

| silla | |

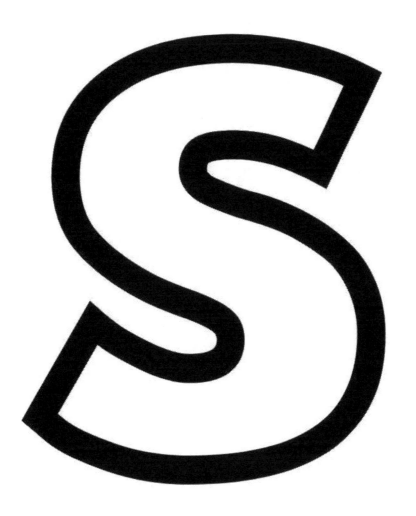

63. Escribe la S en mayúscula. Traza la línea punteada y escribe la letra S de *sandia*.

64. Selecciona los colores: verde, azul y morado, después sigue la flecha para trazar las líneas punteadas y escribe la letra minúscula s de *Sol*.

65. Ahora escribamos la letra S s en mayúscula y en minúscula. Traza las líneas punteadas y escribe la letra S de *sapo*.

S   s

S

s

66. Identifica las figuras que empiezan por la letra S/s, recórtalas y pega las semillas dentro de la sandia.

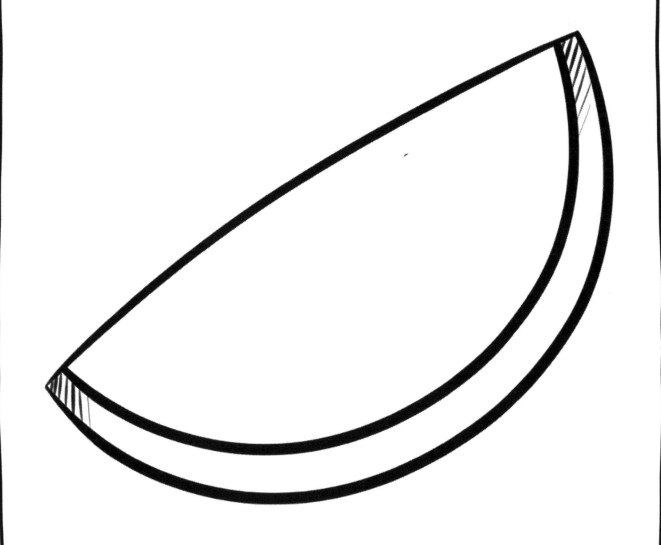

67. Identifica las frutas que están en el árbol que empiezan por la letra S y coloréalas. Después, encuentra todas las letras S s. Encierra en un círculo en color amarillo, como el *Sol*, la letra S mayúscula y en color verde, como el sapo, la S minúscula. *Sol* y *sapo* empiezan por la letra S s.

Diviértete conociendo la letra P p

68. Es el turno de presentarte la letra P p, comencemos con la P mayúscula.

| Patricia |  |

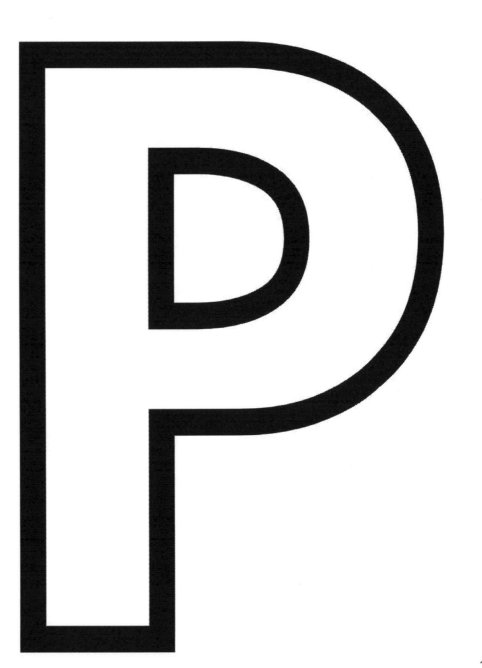

69. Observa la letra que está dibujada en la hoja, es la p minúscula. Diviértete coloreándola con acuarela.

pato

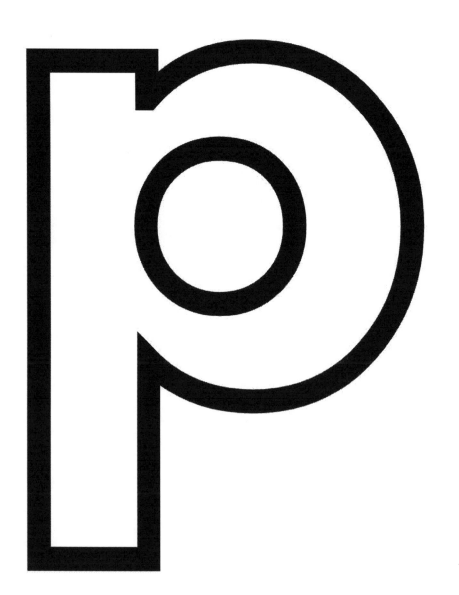

70. Remarca la letra P en mayúscula. *Pájaro* empieza por la letra P. Ahora, decora la hoja dibujando objetos o animales que empiecen por la P, como palo, pulpo.

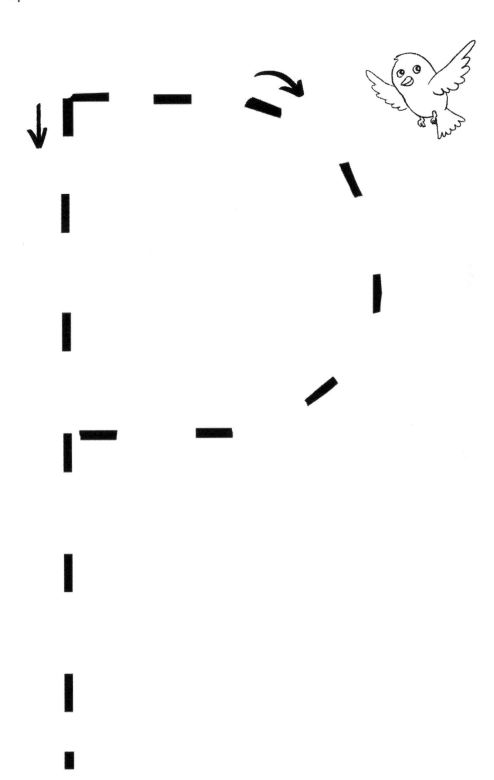

71. Práctica escribiendo la p minúscula, escoge tu color favorito y sigue las flechas.

72. Remarca la letra P p. Sigue las líneas punteadas y escribe la letra P en mayúscula y en minúscula. *Pelota* comienza por la letra P p.

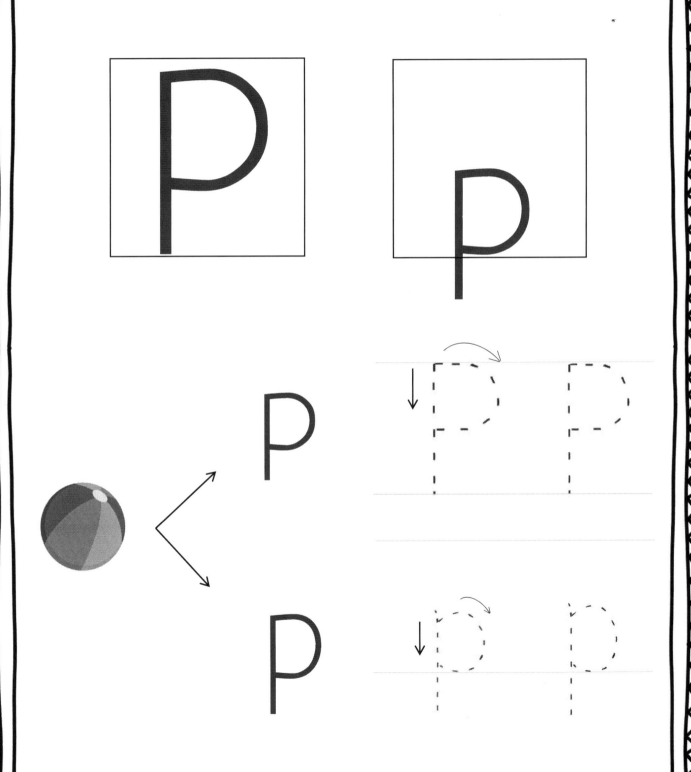

73. Identifica cada figura y pronuncia en voz alta su nombre. (Por ejemplo, se le dice al niño después que reconoce y dice el nombre de la figura: *"pala"* empieza por la letra P p, la "p" suena /pe/). Luego, escribe la letra P p que está en líneas punteada y completa el nombre de los objetos.

74. En la sopa de letras sigue el camino de la P p.

Lleva el Pato hasta el lago.

P	P	e	S	A	m	S	o
A	P	P	P	i	e	M	S
u	e	i	P	e	S	L	3
5	6	u	P	S	P	P	P
e	E	S	P	a	P	i	P
M	o	a	P	M	P	a	P
U	A	S	P	S	P	i	P
E	m	e	P	P	P	S	P

Que el palo encuentre la chimenea.

p	S	a	2	m	i	L	S
p	p	E	A	i	e	M	o
u	p	p	m	e	S	S	S
5	6	p	p	p	S	u	a
e	E	S	e	p	p	i	E
M	o	S	i	M	p	a	O
U	A	S	S	S	p	i	M
E	m	e	8	S	p	p	p

113

Identificando la letra L l

75. Te presentamos la letra L l. Iniciemos conociendo la L escrita en mayúscula. ¡Selecciona los colores del arco iris y coloréala!

| Luca |  |

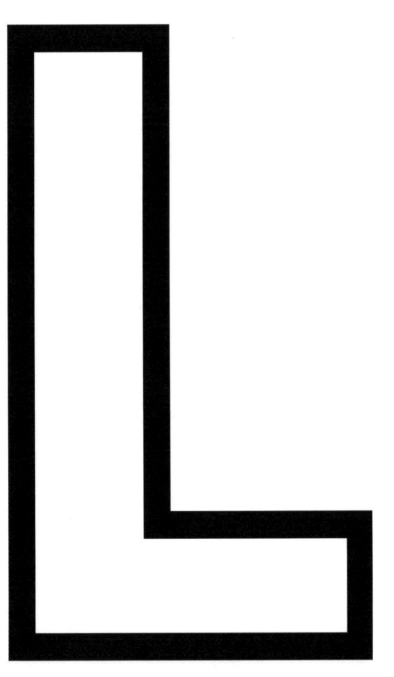

76. Ahora démosle la bienvenida a la letra l escrita en minúscula. Decora la nueva letra con pega y purpurina (escarcha) plateada, como el color de la *luna*.

| luna |  |

77. Práctica trazando la letra L en mayúscula. Decorar la hoja con lunas, limones y libros. *León* empieza por la letra L.

78. Traza las líneas punteadas con los colores azul, rosado y rojo. Diviértete escribiendo la letra l en minúscula, *libro* empieza por la letra l.

79. Traza las líneas punteadas y diviértete escribiendo la letra L l en mayúscula y en minúscula. *Lombriz* empieza por la letra L.

80. Encierra en un círculo los objetos que empiezan por la letra L l. Luego, escribe la letra L l trazando las líneas punteadas. Para terminar, observa con atención todas las letras que te presentamos y encierra en un círculo las letras L l.

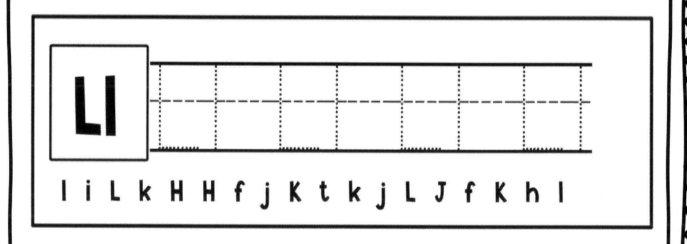

81. Sigue el camino correcto que te lleva a la figura cuyo nombre empieza por la letra L.

Que el papá encuentre los Lentes

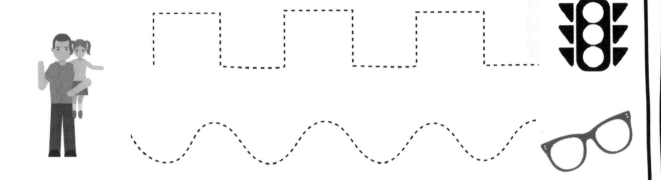

Que el lobo encuentre a la Luna

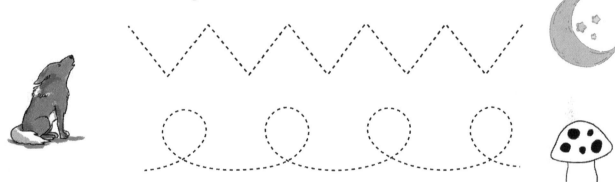

Que la lámpara encuentre la Luz

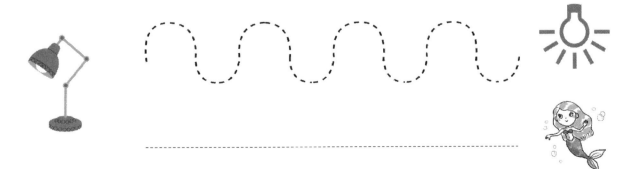

Ejercicios generales con todas las letras

82. Repasemos las letras M m, S s, P p y L l. Traza las letras que se encuentran escritas con líneas punteadas. Luego, recorta cada objeto y pégalo en el lugar que le corresponde. Por ejemplo, recorta la sirena: *sirena* empieza por la letra S y la pegas en el recuadro que corresponde a la letra S s.

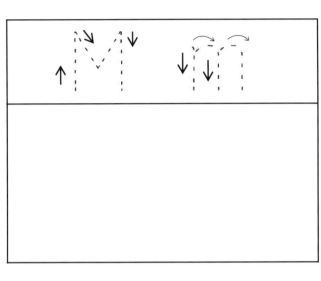

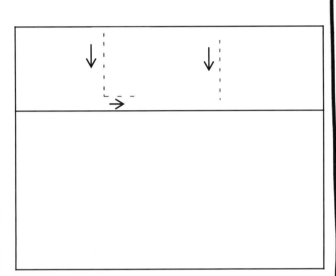

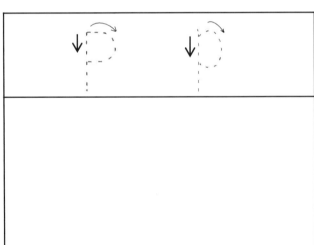

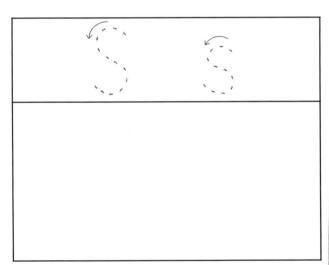

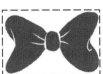

83. ¿Recuerdas las vocales? Repásalas siguiendo cada instrucción.

Encuentra la vocal **A** a y enciérralas en un círculo color *verde* →

| a | i | e | I |
| a | u | A | e |

Encuentra la vocal **E** e y enciérralas en un círculo color *rojo* →

| o | E | A | 2 |
| e | o | I | e |

Encuentra la vocal I i y enciérralas en un círculo color *azul* →

| a | 5 | a | i | u |
| e | I | a | A | |

Encuentra la vocal **O o** y enciérralas en un círculo color *negro* →

| e | o | a | i | O | a |
| a | O | A | O | | |

Encuentra la vocal **U u** y enciérralas en un círculo color *gris* →

| 9 | e | I | u |
| a | u | e | U |

129

84. Practica el reconociendo de las letras que hemos estudiado. Remarca cada letra y únela con una línea con la figura correcta.

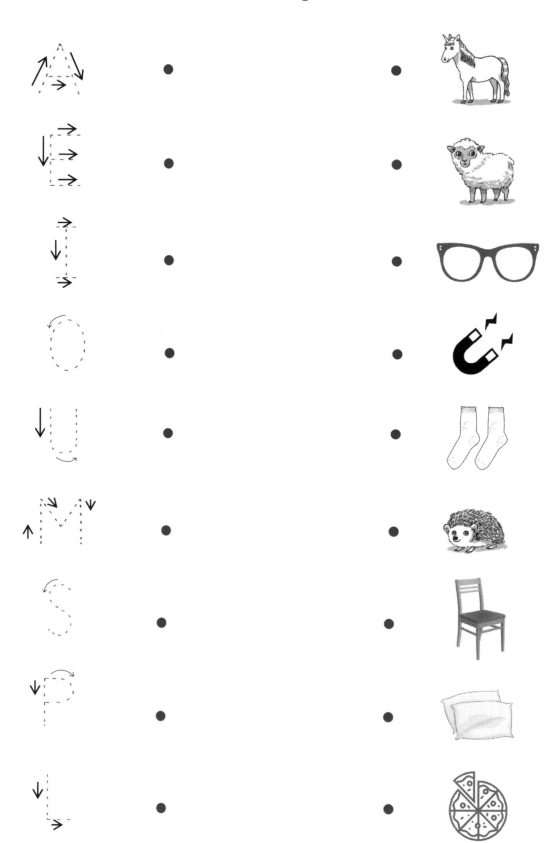

85. Repasemos juntos las vocales y las letras que hemos aprendido hasta ahora (m, s, p y l). Reconoce cada figura y únela con una línea con la letra inicial de su nombre.

a •   • 🍎

m •   • 👁

u •   • 🐍

s •   • 🐘

i •   • 👣

p •   • 🕷

o •   • 🐛

l •   • 🍇

e •   • 🦎

86. Escribe la letra inicial que corresponde a cada dibujo y completa la palabra.

→ ___beja

→ ___urciélago

→ ___scorpión

→ ___apo

→ ___guana

→ ___ulpo

→ ___veja

→ ___ibélula

→ ___nicornio

87. Remarca las palabras, identifica su letra inicial y escríbela al lado en el espacio en blanco.

erizo ____

miel ____

uña ____

sirena ____

árbol ____

pala ____

iglesia ____

limón ____

oreja ____

Presentando el modo silábico
"ma - me - mi - mo - mu"

88. Es momento de presentarte a la familia de las letras que has aprendido. Comencemos con la letra M m.

La familia de la consonante M m se forma cuando la unes con las vocales y creas así una sílaba.

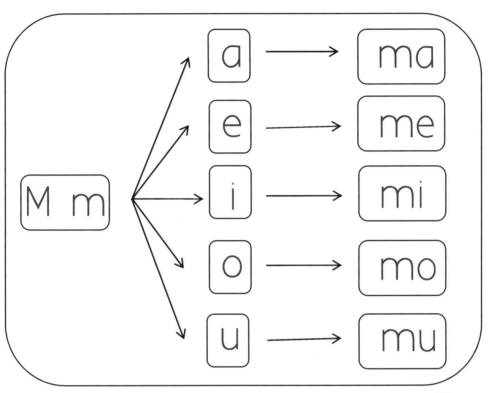

Ma - má

La "m" con la "a" suena /ma/, de *mamá*.

89. La "m" con la "a" suena /ma/, *manzana* empieza por la sílaba "ma". Ahora pronuncia y remarca la sílaba escrita en líneas punteadas. Luego colorea la fruta.

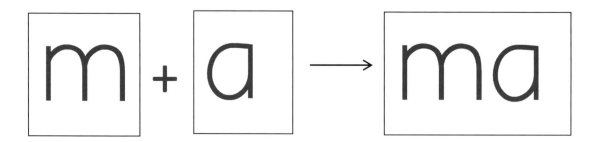

90. La "m" con la "e" suena /me/, *mesa* empieza por la sílaba "me". Sigue las flechas, remarca las líneas punteadas y escribe la sílaba "me".

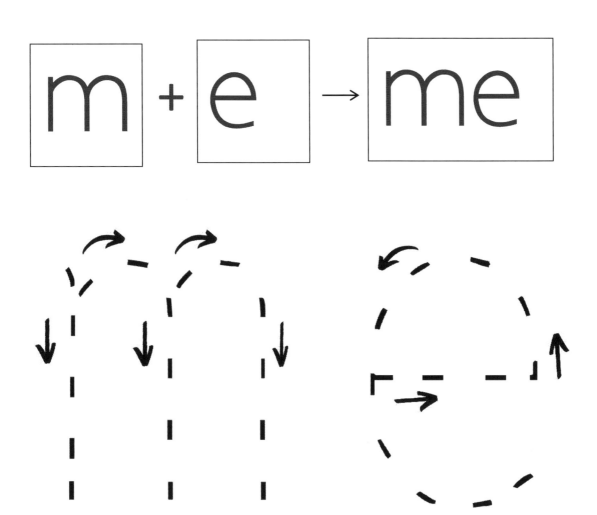

91. La "m" con la "i" suena /mi/, *micrófono* empieza por la sílaba "mi". Traza la sílaba "mi" con tu color favorito, después identifica la imagen y coloréala.

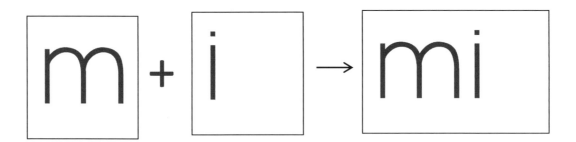

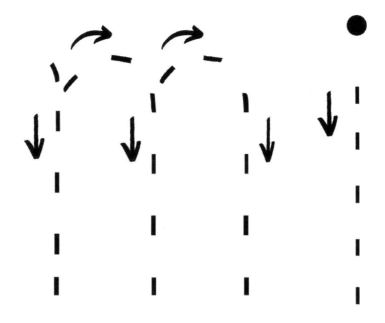

92. Ahora te presentamos la sílaba "mo", que se forma al unir la letra "m" con la vocal "o" y suena /mo/. *Mono* empieza por la sílaba "mo". Léela en voz alta, remárcala, identifica el dibujo y coloréalo.

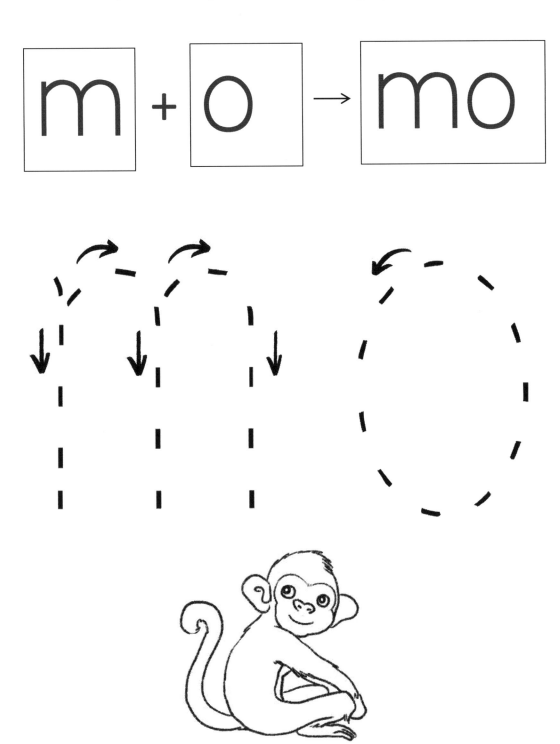

141

93. Por último, la letra "m" con la vocal "u", suena /mu/. Murciélago empieza por la sílaba "mu". Sigue las flechas y traza la sílaba.

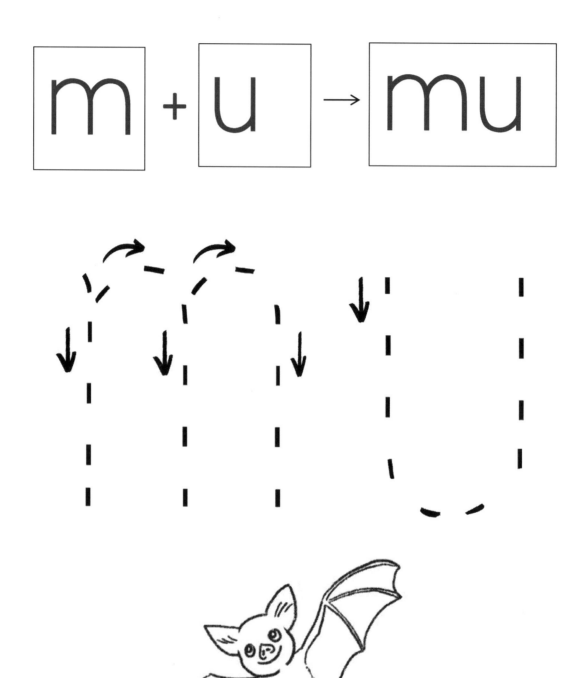

94. Maravilloso, ya conoces a la familia silábica de la M m. Ahora, identifica cada dibujo y traza únicamente la sílaba inicial que corresponde a su nombre.

ma   me   mi   mo   mu

ma   me   mi   mo   mu

ma   me   mi   mo   mu

ma   me   mi   mo   mu

ma   me   mi   mo   mu

95. Traza las líneas punteadas y diviértete escribiendo las sílabas. Cada sílaba corresponde a la imagen que se muestra al final de cada línea, por ejemplo, la "m" con la "a" suena /ma/ de *mano*. Luego lee en voz alta las sílabas que escribiste.

(m) + (a) = ma   de

(m) + (e) = me   de

(m) + (i) = mi   de

(m) + (o) = mo   de

(m) + (u) = mu   de

96. Recorta las líneas punteadas, luego pega la tira de las vocales sobre una cartulina para que este más firme. Después une las vocales con la "m" para hacer el cintillo de la familia silábica de la consonante M m.

 **Tutorial en nuestro sitio web.** Escanea el código para verlo. O ingresa en el sitio web.

https://librosdeactividadesinfantiles.com/como-ensenar-a-leer-a-los-ninos-de-manera-divertida/

 **Tutorial en TikTok.** Escanea el código para verlo. O ingresa en la cuenta.

 @rosiandconi

Identificando el modo silábico
"sa - se - si - so - su"

97. ¡Felicidades!, te has concentrado para lograrlo, ¡bien por ti! Ya sabes, leer y escribir la familia silábica de la consonante M m. Sigamos avanzando y aprendamos juntos la familia de la consonante S s.

La familia silábica de la consonante S s se forma cuando la unes con las vocales y creas así una sílaba.

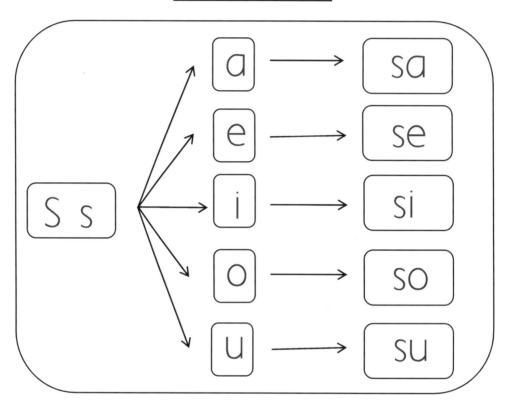

La "S" con la "a" suena /sa/, de *sapo*.

Sa - po

148

98. Comencemos con la sílaba "sa", la "s" con la "a" suena /sa/. *Sapo* empieza por la sílaba "sa". Traza la sílaba tres veces, utiliza los tres colores que más te gusten. Luego colorea al sapo y dibuja una sandia a su lado.

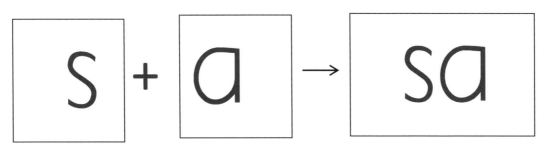

149

99. La sílaba que viene es la "se", la "s" con la "e" suena /se/. *Serpiente* empieza por la sílaba "se". Traza las líneas punteadas con un marcador de purpurina (escarcha) y completa la sílaba "se".

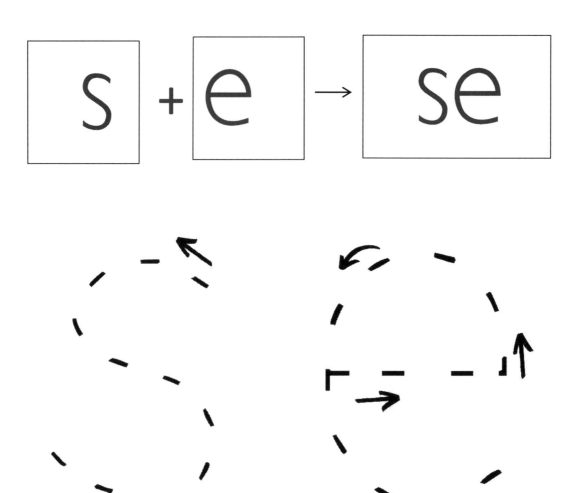

100. Es el turno de la sílaba "Si", la "S" con la "i" suena /Si/. *Sirena* empieza por la sílaba "Si". Ahora, escribe la sílaba siguiendo las flechas. Colorea a la sirenita como más te guste.

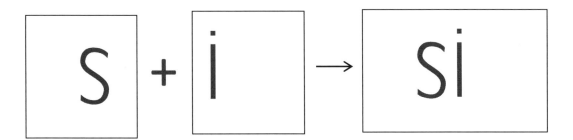

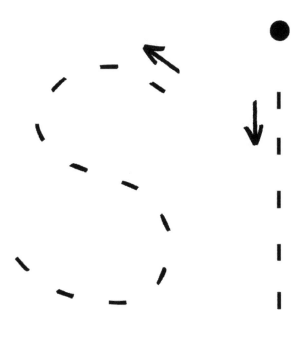

101. Es momento de conocer la sílaba "SO", la "S" con la "O" suena /SO/. *Sopa* empieza por la sílaba "SO". ¿A quién no le gusta la sopa? Ahora, escribe la sílaba trazando las líneas punteadas, guíate por las flechas.

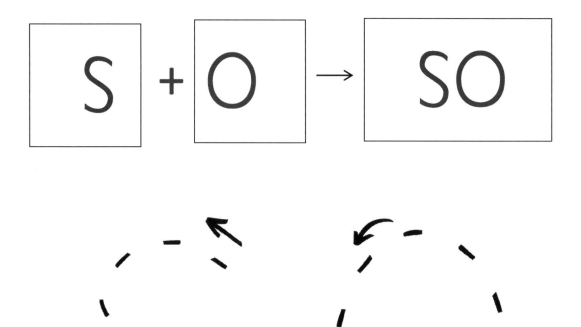

102. Por último, vamos a trazar la sílaba "SU" con tu color favorito. La "S" con la "U" suena /SU/. *Submarino* empieza por la sílaba "SU".

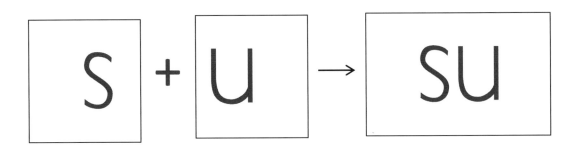

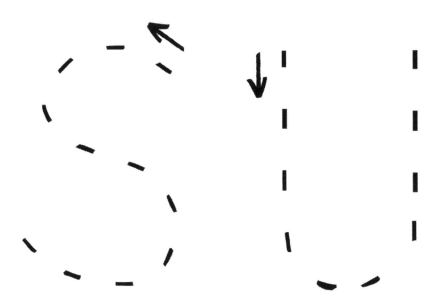

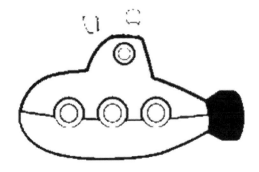

103. Excelente! Ya conoces la familia de la S s, ahora practiquemos todas las sílabas juntas. Completa la secuencia de las sílabas dentro de las sandías, luego léelas en voz alta y une cada una de ellas con la figura que corresponde.

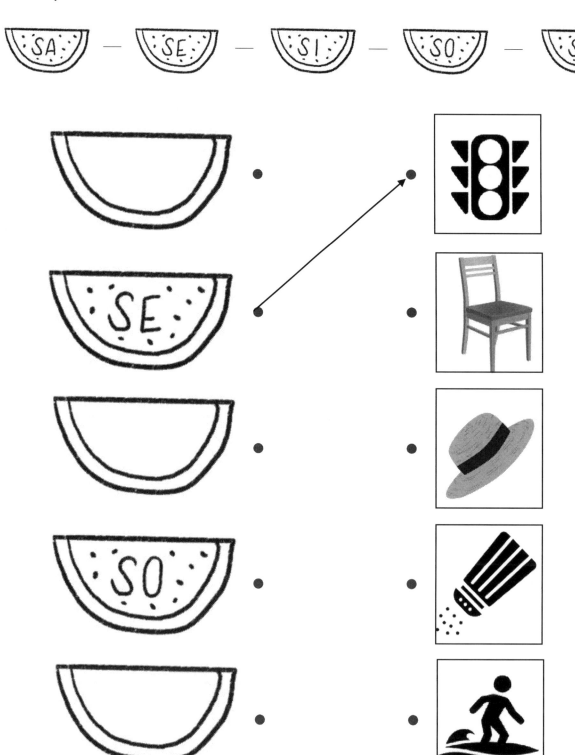

104. Lee las sílabas, recórtalas y pégalas en la imagen que corresponde.

sa se si so su

105. Traza las sílabas que están en el gusano y escribe las que faltan. Al terminar léelas en voz alta.

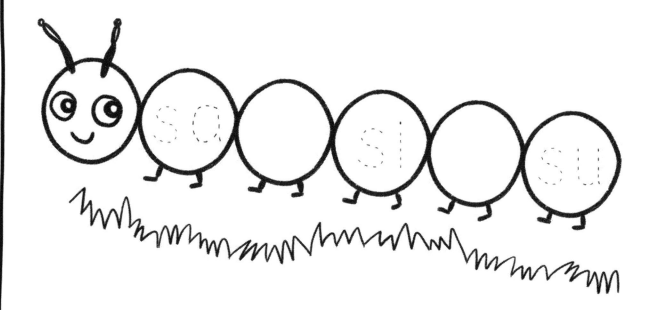

Ahora, busca tu cintillo de la familia de la M m, repasa las sílabas en voz alta y disfruta leyendo tus primeras palabras. (ayúdate con las imágenes)

	mo - mia
	me - sa
	mi - sa

Descubriendo el modo silábico
"pa - pe - pi - po - pu"

106. Ahora aprendamos juntos la familia silábica de la consonante P p.

La familia de la consonante P p se forma cuando la unes con las vocales y creas así una sílaba.

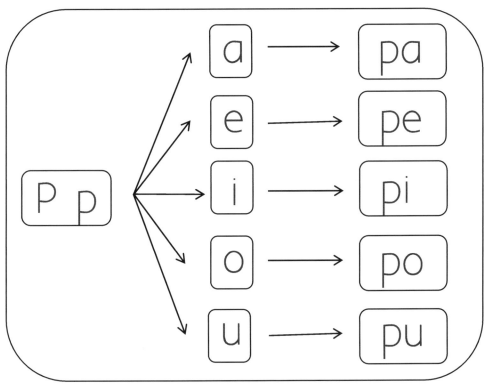

La "p" con la "a" suena /pa/, de *papá*.

Pa - pá

161

107. La familia silábica de la letra P/p comienza con la sílaba "pa", la "p" con la "a" suena /pa/ de *pato*. Sigue las flechas, traza las líneas punteadas y escribe la sílaba "pa" con 5 colores de tu preferencia.

108. La siguiente sílaba de la familia es la "pe", la "p" con la "e" suena /pe/ de *pelota*. Con pegamento con purpurina (escarcha) de colores metálicos escribe la sílaba "pe", guíate por las flechas.

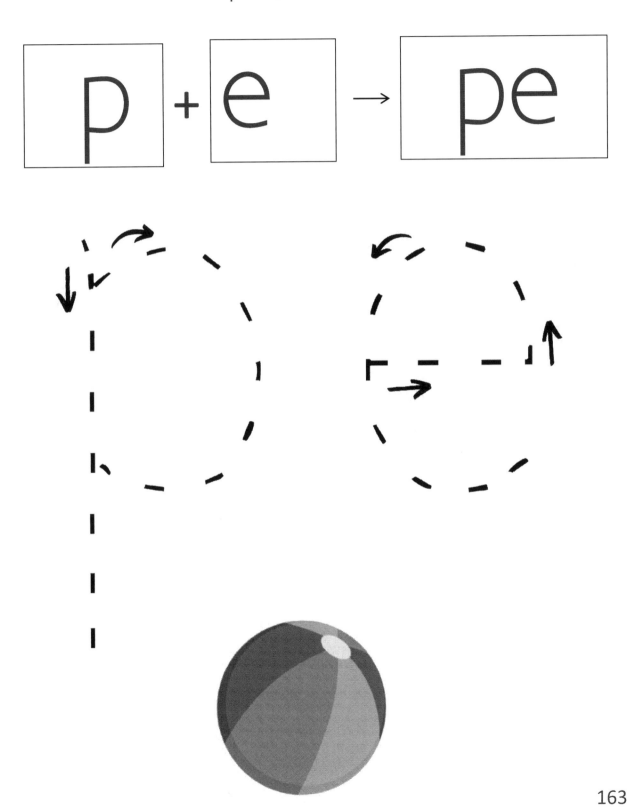

163

109. Ahora te presentamos la sílaba "pi", la "p" con la "i" suena /pi/. *Pie* empieza por la sílaba "pi". Busca tus marcadores de color rojo, azul y verde, ahora utiliza cada uno para traza la sílaba "pi".

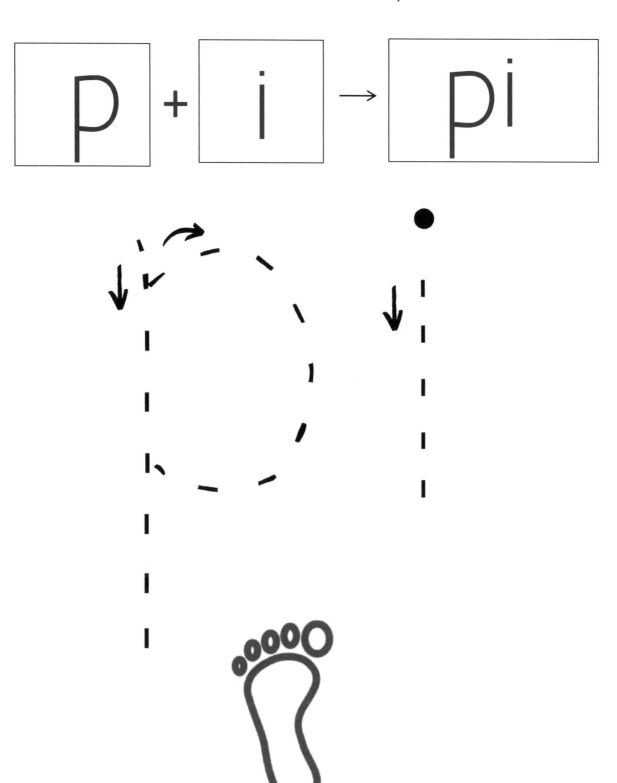

110. Es el turno de aprender la sílaba "po", la "p" con la "o" suena /po/. *Policía* empieza por la sílaba "po". Ahora, escribe la sílaba trazando las líneas punteadas, guíate por las flechas.

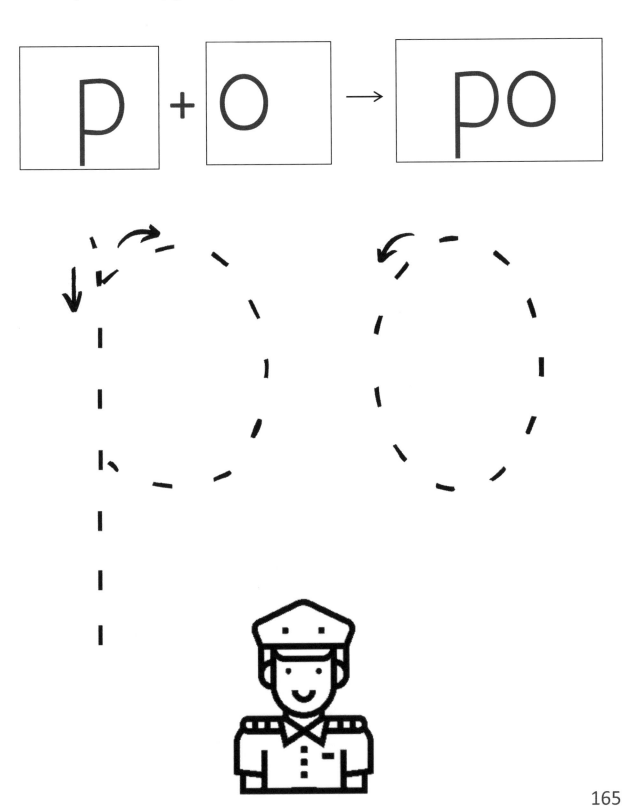

111. La última sílaba de la familia P/p es la "pu". La "p" con la "u" suena /pu/. *Pulpo* empieza por la sílaba "pu". Ahora, escoge tus colores favoritos para remarcarla tres veces.

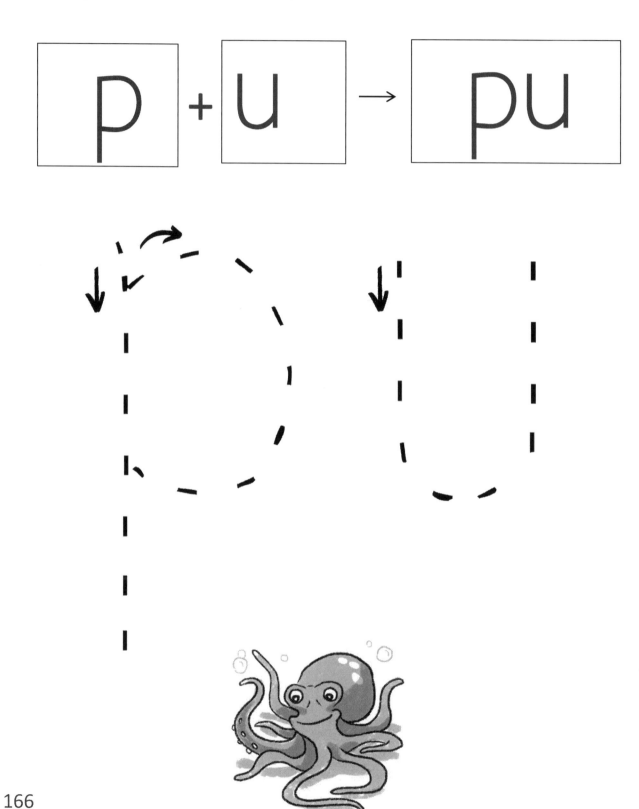

112. Reconoce el dibujo, identifica el sonido fonético de la primera sílaba que corresponde a cada imagen, luego traza en un plano más pequeño las sílabas punteadas.

113. Después de conocer y escribir la familia silábica de la P p, concéntrate y lee con atención las siguientes palabras:

pa - pi   pe – pa

Ahora, recorta las sílabas y la vocal "O", colócalas todas sobre la mesa. Identifica la figura, pronuncia su nombre y luego ármalo pegando las sílabas en el lugar que corresponde. Después escribe la palabra en la línea en blanco.

	Armar	Escribir

✂ ---

| sa | me | so | o | sa | po |

114. Reconoce el dibujo, lee ambas palabras y encierra en un círculo la que corresponde con el nombre de la figura. Utiliza tu cintillo de la consonante M m para recordar su familia silábica.

papá - (palo)

pupi - pez

pie - pepe

piso - pomo

púa - puma

Reconociendo el modo silábico "la - le - li - lo - lu"

115. Lo has hecho fantástico, que increíble todo lo que has aprendido, sentimos la energía que estás poniendo de tu parte para aprender. Avancemos en nuestra aventura y conozcamos juntos la familia de la consonante L l.

<u>La familia silábica de la consonante L l se forma cuando la unes con las vocales y creas así una sílaba</u>.

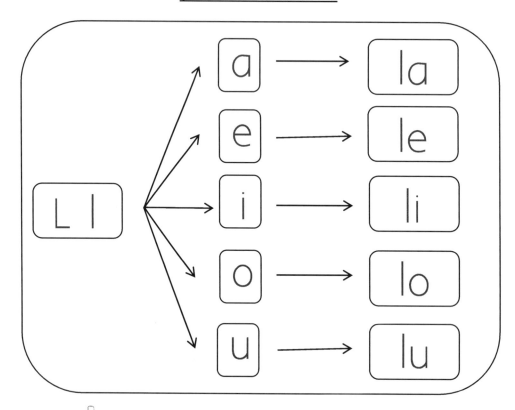

La "l" con la "a" suena /la/, de *lazo*.

La - zo

116. Comencemos presentándote la primera sílaba de esta familia "la", la "l" con la "a" suena /la/. *Lámpara* empieza por la sílaba "la". Escoge tres colores y repasa con cada uno la sílaba "la".

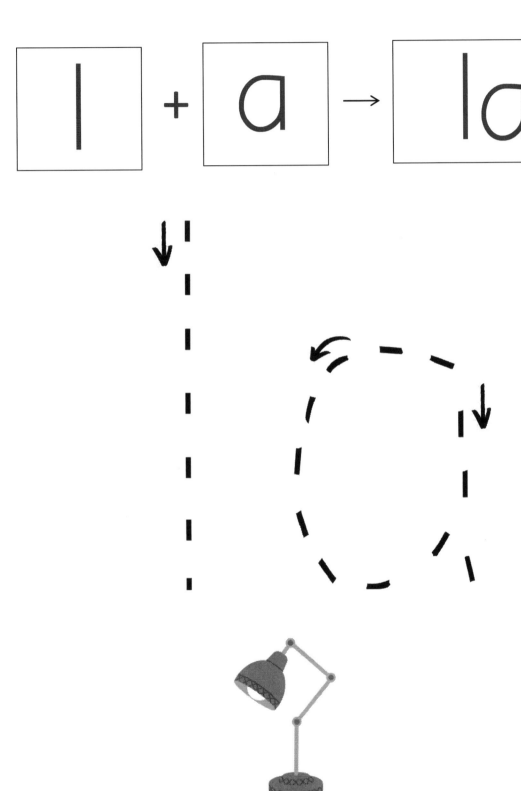

117. "Le" es la segunda sílaba de la familia de la L l. La "L" con la "e" suena /le/. León empieza por la sílaba "le". Utiliza colores distintos y traza tres veces las líneas punteadas para escribir la nueva sílaba, luego léela en voz alta.

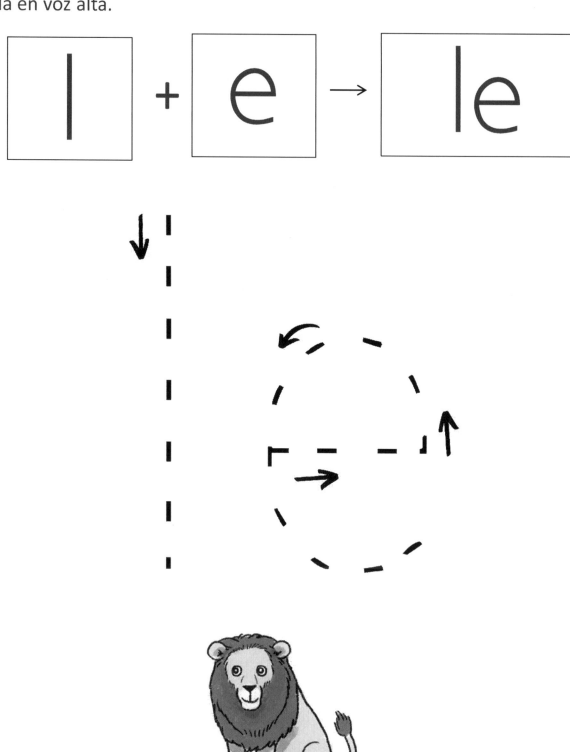

118. Te presentamos la tercera sílaba: "li". La "L" con la "i" suena /li/. *Libro* empieza por la sílaba "li". Ahora, remárcala con atención.

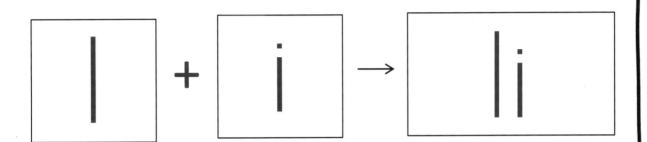

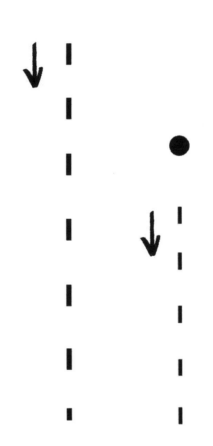

175

119. Ahora tenemos la cuarta sílaba de esta familia: la "lo". La "L" con la "O" suena /lo/. *Lobo* empieza por la sílaba "lo". Traza las líneas punteadas y escribe "lo".

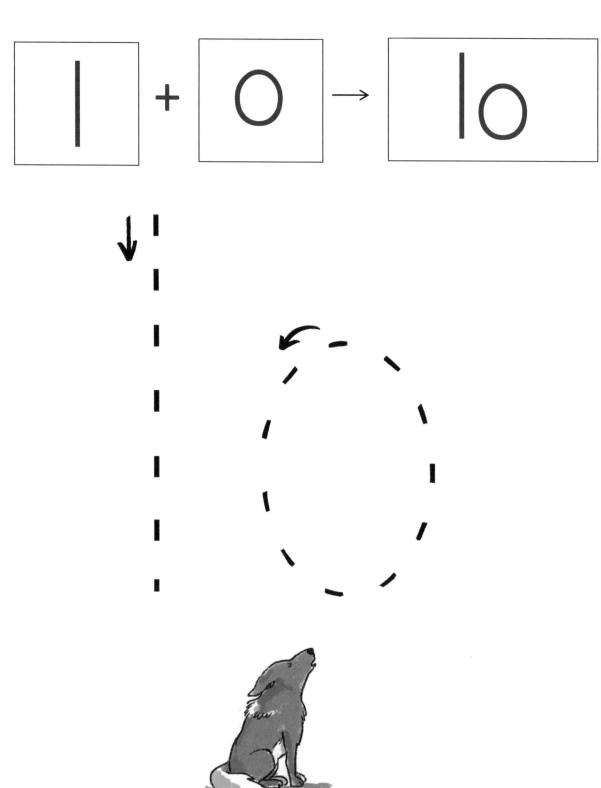

120. Por último, demos la bienvenida a la sílaba "lu". La "L" con la "u" suena /lu/. *Luna* empieza por la sílaba "lu". Remárcala con dos colores distintos.

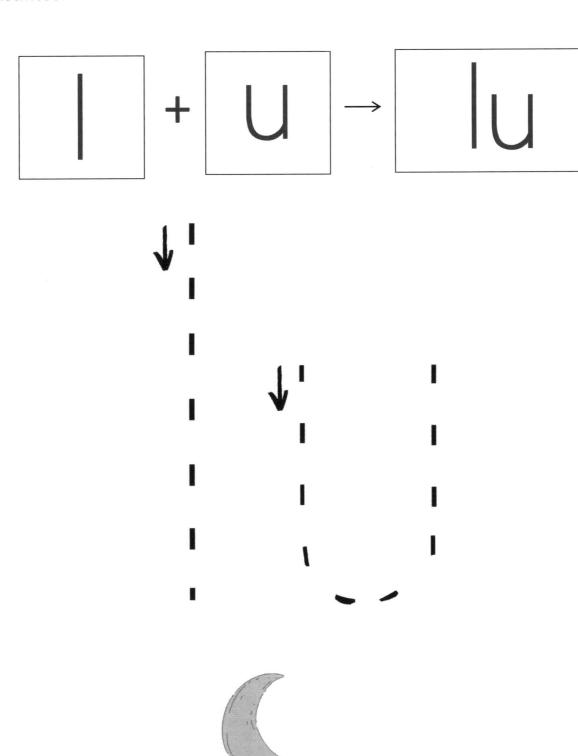

121. Identifica el dibujo y escribe a su lado la sílaba inicial que corresponde.

→ ___ ___zo

→ ___ ___chuga

→ ___ ___bro

→ ___ ___mbriz

→ ___ ___z

122. Traza las sílabas con tus colores favoritos, después léelas en voz alta, luego recorta las imágenes y pégalas en la sílaba que corresponde.

la	la	lo
li	le	li
lu	lu	le

123. Observa cada imagen, identifícala y responde ¿qué figura es? Te concentraste y lo has conseguido ¡Bien por ti! Ahora revisa cuidadosamente el nombre de la figura y descubre la sílaba: "la", "le", "li", "lo" o "lu" que forma parte de la palabra. Cuando la encuentres enciérrala en un círculo y escríbela en las líneas en blanco.

Identifica	Descubre la sílaba	Escribe
	merme(la)da	l a
	palo	_ _
	molino	_ _

Ahora, lee con atención:

- la mesa pesa

- Lola ama la sopa

Ejercicios generales de los modos silábicos

124. Repasa leyendo en voz alta las sílabas que has aprendido hasta ahora. Luego diviértete coloreando los conos de helado.

Ahora, lee con atención las siguientes palabras:

- misa
- sala
- puma
- lima

125. Identifica el dibujo y escribe a su lado la sílaba inicial que corresponde. Guíate por las sílabas que te damos como pista.

126. Lee en voz alta las siguientes sílabas:

¡Excelente! ahora, lee atentamente:

- mi mamá me ama
- amo a mi papá

Dibuja a tu familia:

127. Lee las sílabas que están en el gusanito Tilín, luego únelas al dibujo que corresponde.

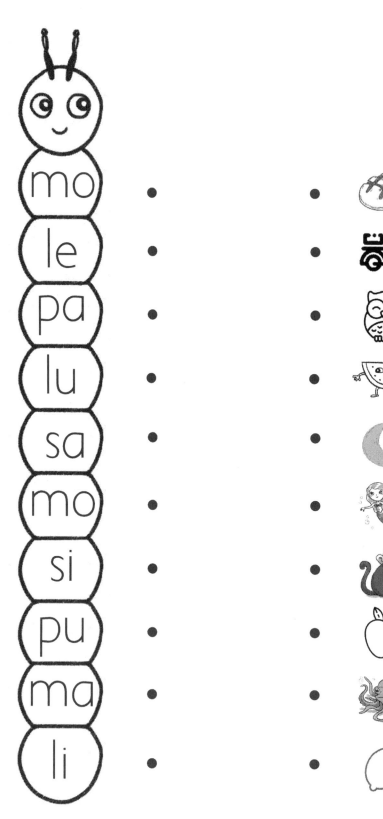

128. Remarca las líneas punteadas y escribe cada sílaba. Léelas en voz alta, luego únelas con la figura que corresponde.

Ahora, lee las siguientes oraciones:

- Papá usa mi mapa
- amo la sopa

129. Juguemos al detective y descubre las palabras escondidas. Escribe debajo de cada dibujo la letra inicial de su nombre. Al terminar, lee en voz alta la palabra que escribiste. ¡Excelente trabajo! La palabra escondida ha sido descubierta.

130. Lee con atención cada oración y asóciala con el dibujo.

- papá usa la lupa

- Amo a mi mamá

Conclusión

Felicidades, ya eres capaz de reconocer fácilmente las **vocales**, de asociarlas con imágenes, de leerlas y de escribirlas. Además, identificas las consonantes: **m,s,p** y **l** y conoces su **modo silábico**. Por otro lado, sabes leer algunas palabras y oraciones cortas. Lo hiciste fantástico, ¡estamos muy orgullosas de ti!

Cuando se trabaja con entusiasmo, se utilizan las herramientas adecuadas y los métodos de enseñanza prácticos, el proceso de aprendizaje se vuelve más sencillo y ameno. Es por esta razón, que nos sentimos felices de brindarte nuestro libro *Mi método de lectura práctico* con el que te ofrecimos ejercicios apropiados, claros, dinámicos y divertidos, para que tu experiencia de aprendiza de la lectura y de la escritura fuera maravillosa y recordada por siempre.

Ahora ya podrás ver las imágenes y saber que su nombre es una palabra que está formada por vocales y consonantes. Querrás leer, escribir… Sigue con el mismo entusiasmo y verás como continuarás avanzando. Esta aventura apenas comienza, disfruta de todo el proceso, nosotras seguiremos aquí para acompañarte. **Invita a todos tus amigos** a unirse a este maravilloso viaje por el mundo de la lectoescritura, recomiéndales realizar los ejercicios de nuestro libro para que ellos también se inicien en este proceso de aprendizaje y vean el mundo de una manera distinta.

Te recomendamos nuestros **recursos didácticos digitales** Totalmente GRATIS para que tu peque pueda practicar:
https://librosdeactividadesinfantiles.com/juegos/
o escanea el código qr

con dedicación y cariño

Rosi & Coni

Recuerda regístrate para recibir tu regalo

Made in United States
Orlando, FL
12 October 2023

37835832R00107